Gestione dell'igiene
in cucina e nel servizio

Frank Höchsmann

Gestione dell'igiene in cucina e nel servizio

Attuazione dei requisiti HACCP[1]

---

[1] Hazard Analysis Critical Control Points /
Analisi dei rischi e punti critici di controllo

Informazioni bibliografiche della Biblioteca Nazionale Tedesca:

La Biblioteca Nazionale Tedesca elenca questa pubblicazione nella Bibliografia Nazionale Tedesca; i dati bibliografici dettagliati sono disponibili su Internet all'indirizzo http: //dnb.dnb.de.

© 2022 Frank Höchsmann
Produzione e pubblicazione:

BoD - Libri su richiesta, Norderstedt

ISBN: 9783759759009

Revisione: Elisabetta Ponchio, Milano - Leipzig

Foto del titolo: Marieke Polnik,
Chef Eike Polnik, Riddagshausen

Foto dell'autore: Frank Christian Höchsmann

PREFAZIONE

La gestione dell'igiene in cucina e nel servizio è il libro di riferimento giusto per gli specialisti e i manager di alberghi e ristoranti, ma anche per gli istituti di ristorazione, ad esempio del settore scolastico e sanitario.

Il manuale aiuta a mettere in pratica la gestione dell'igiene secondo il sistema HACCP (Hazard Analysis Critical Control Points).

Contiene i principi del concetto HACCP e descrive le modalità di creazione di un'analisi dei pericoli e dei processi di lavoro in conformità con l'HACCP.

Completano il manuale liste di controllo collaudate e informazioni sulla formazione del personale.

Questo fornisce al lettore informazioni complete su come implementare la gestione dell'igiene in conformità con l'HACCP.

I modelli possono essere utilizzati in un'attività di ristorazione così come sono o con piccoli aggiustamenti, e servono come verifica delle norme HACCP. Sono indipendenti dal personale e dai cambi di turno. I dipendenti possono familiarizzare rapidamente con essi.

Tutti i modelli, le liste di controllo, lo svolgimento e le istruzioni di lavoro sono stati provati e testati nelle nostre aziende partner.

Sono grato ai miei partner per questo sostegno collegiale, poiché non sarebbe stato possibile compilare il manuale in modo così dettagliato senza concreti riferimenti pratici.

Sono particolarmente grato a mia moglie Martha Cecilia Höchsmann e alla dottoressa Elisabeth Strecker, che hanno instancabilmente effettuato correzioni, controlli dei documenti e miglioramenti.

Vi auguro di divertirvi e di avere successo con questo lavoro di consultazione.

Con i migliori saluti, Cordiali saluti

Frank Höchsmann

Berlino Frohnau, 15 luglio 2022

Contenuti

Nota:

- Le seguenti informazioni non sono vincolanti.
- Questa è una presentazione dei principi tecnici e dell'esperienza, ma non ha la pretesa di essere esaustiva.
- Non si assume alcuna responsabilità per l'accuratezza dei contenuti.
- Per ragioni di semplificazione e di migliore leggibilità, si usa spesso la forma maschile.
- Ci impegniamo a rispettare l'articolo 3 della Costituzione tedesca: l'uguaglianza di tutti gli esseri umani.

Capitolo 1: Introduzione

Sviluppo del concetto di HACCP

Il concetto di HACCP (Hazard Analysis of Critical Control Points) è stato sviluppato dalla NASA alla fine degli anni Cinquanta.
All'inizio degli anni Sessanta, l'ONU ha incorporato la procedura HACCP nel "Codex Alimentarius". Il Codex contiene standard per la sicurezza alimentare.
Negli Stati Uniti, il concetto è stato introdotto per legge nel 1985.
Il Parlamento europeo ha seguito l'esempio nel 2004 con l'adozione del nuovo patto sull'igiene.
Il "pacchetto igiene" HACCP è obbligatorio in tutti i Paesi dell'UE dal 2006.

Cosa si intende per HACCP?

Il concetto di HACCP è uno strumento ausiliario per i produttori di alimenti.
Serve a monitorare e garantire l'igiene alimentare e comprende 7 fasi:

- In primo luogo, viene effettuata un'analisi dei rischi per determinare se esiste un rischio di contaminazione fisica, chimica o biologica degli alimenti.
- Vengono quindi determinati i punti critici di controllo.
- Per questi punti critici di controllo vengono definiti dei valori limite.
- I punti critici di controllo devono essere monitorati.
- Vengono determinate le misure correttive.
- Queste vengono verificate o controllate.
- Infine, ma non meno importante, tutto deve essere documentato.

Obiettivo:

L'obiettivo è quello di rendere molto più semplice l'impegnativo lavoro con gli alimenti, in particolare la gestione dell'igiene in conformità al sistema HACCP. A ciò contribuiscono processi e istruzioni di lavoro collaudati, liste di controllo chiare e moduli per la documentazione HACCP. Le informazioni sulle sezioni 42/43 della legge sulla protezione dalle infezioni e le informazioni sugli allergeni completano le conoscenze sull'igiene.

Gruppo target:

I destinatari di questo libro di testo sono i proprietari, gli amministratori delegati, i direttori di stabilimento, i responsabili di reparto e di turno, nonché i dipendenti delle imprese di ristorazione e della ristorazione collettiva che trattano gli alimenti o li immettono sul mercato.

Capitolo 2: I principi del concetto HACCP

1. effettuare un'analisi dei rischi

L'analisi dei rischi consente di riconoscere i pericoli per la sicurezza alimentare e di sviluppare misure preventive contro di essi. L'analisi dei pericoli distingue tra rischi fisici, chimici e biologici.

2. definire i punti di controllo critici (PCC)

Un punto di controllo critico è una fase del processo in cui può verificarsi una contaminazione alimentare. Ciò richiede una conoscenza precisa delle fasi del processo.

3. determinare i valori limite del PCC

Per ogni punto di controllo critico devono essere definiti valori limite superiori e inferiori che devono essere rispettati. Questi valori sono prescritti dalla legge o devono corrispondere al più recente stato dell'arte.

4. monitoraggio del PCC

I processi di monitoraggio aiutano ad analizzare i valori limite di tutti i punti di controllo critici. Se i valori limite vengono superati o non raggiunti, viene attivato un allarme.

5. definire le misure correttive del PCC

Se un punto di controllo critico segnala una deviazione dai valori target, vengono avviate contromisure per ripristinare l'igiene alimentare.

6. verifica del sistema HACCP

La verifica del sistema HACCP garantisce la produzione di alimenti puliti e sicuri. I piani HACCP sviluppati, insieme ai punti di controllo critici definiti e ai relativi valori limite, vengono verificati mediante campioni casuali prelevati durante la produzione.

7. documentazione delle misure

Tutte le fasi della creazione e dell'attuazione del concetto HACCP devono essere documentate e conservate. Si consiglia un portadocumenti rosso da tenere sempre a portata di mano, in cucina o nell'ufficio dello chef.

Capitolo 3: Analisi dei pericoli e identificazione dei punti critici di controllo (PCC)

Analisi dei pericoli

Quali rischi per la salute possono verificarsi nella vostra azienda durante la produzione, la manipolazione e l'immissione sul mercato di alimenti?
Compilate la tabella sottostante e archiviate il documento nel vostro portadocumenti rosso della cucina come prova dell'avvenuta analisi. Effettuate l'analisi almeno una volta all'anno e archiviatela!

Creare un'analisi dei rischi:

Cosa può succedere / (pericolo)	Quando può accadere / (processo di lavoro)	Come possiamo evitare/prevenire il pericolo? Misure?
1. Pericoli fisici:		
Schegge d'osso		
Schegge di metallo		
Schegge di vetro		
Pietre		
Sabbia		
Corpi estranei		
2. Rischi chimici:		
Agenti di pulizia		
Disinfettanti		
Prodotti chimici		
Grassi di frittura (vecchi)		
3. Pericoli biologici:		
Batteri patogeni/salmonella		
virus		
Parassiti		
Muffe		
Vermi		
Lumache		

Identificazione dei punti critici di controllo

Spuntate i punti critici di controllo della vostra azienda. Archiviate poi questo documento nel portadocumenti rosso della cucina.

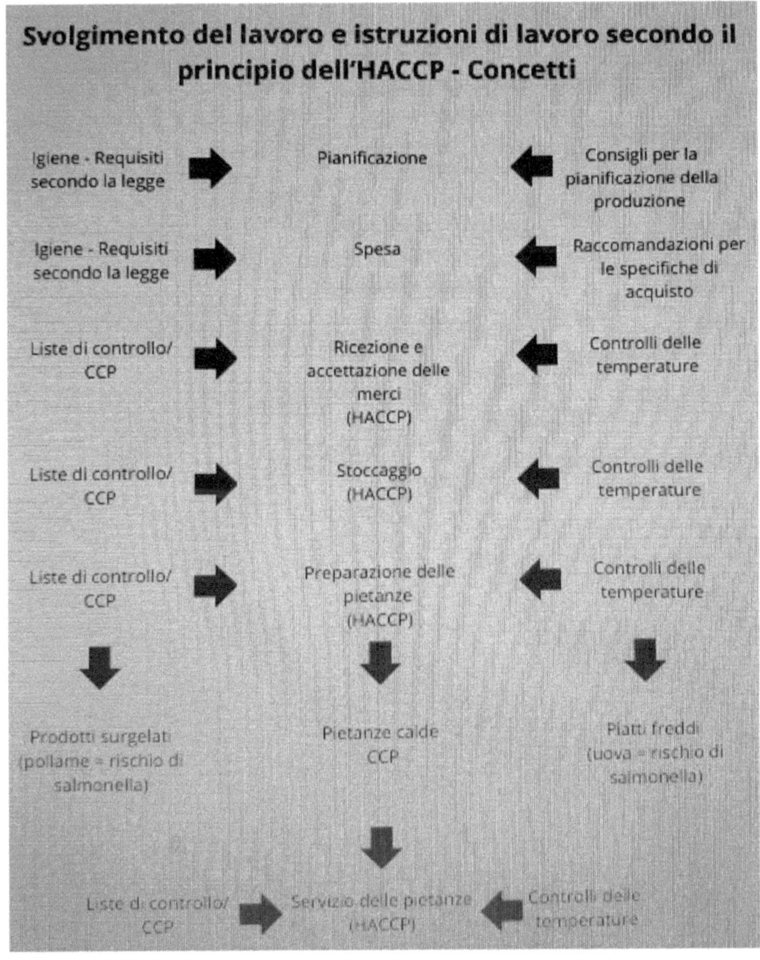

Capitolo 4: Processi e istruzioni di lavoro che tengono conto del concetto di HACCP

Pianificazione della produzione: come si pianifica?

Spuntate i fattori di previsione più importanti per voi;
o   Occupazione delle camere e prenotazioni (H)
o   % di cancellazioni con breve preavviso (H)
o   % di prenotazioni con breve preavviso (H)
o   Situazione economica generale
o   Clima/Meteo
o   Numero di ospiti negli ultimi giorni / tendenza
o   Numero di ospiti nell'ultimo anno/mese/settimana
o   Considerazione dei giorni festivi
o   Diverso carico di lavoro mensile/ nei giorni feriali
o   Eventi speciali nella nostra città, regione e dintorni
o   Ospiti esterni / passanti
o   % di ospiti dell'hotel che pranzano e/o cenano (H)
o   Effetti delle promozioni di vendita e delle campagne pubblicitarie

Nota: ci basiamo anche sulle analisi delle vendite delle ultime settimane e degli ultimi mesi e calcoliamo anche il rating di popolarità (o almeno ricorriamo ai valori medi comuni).

Calcoliamo il tasso di popolarità in percentuale moltiplicando il numero di porzioni vendute di uno stesso piatto (ad esempio antipasto, piatto principale, dessert, o menu 1, 2, 3, ecc.) per 100 e dividendo per il numero totale di ospiti del ristorante che sono stati serviti (nello stesso intervallo di tempo).

Ora possiamo calcolare il numero di pasti in anticipo:

Voci secondo il menu	Ospiti previsti, ad esempio sabato	Grado di popolarità in percentuale	Pre-calcolo del numero di articoli
Antipasti	120	25%	30
Piatti principali	120	50%	60
Dolci	120	25%	30

Oltre a calcolare il numero di piatti, nel periodo precedente la produzione dovremmo anche pensare ai punti di controllo critici (PCC) nell'ottica del concetto di HACCP.

Metodi di acquisto

La nostra raccomandazione	I vostri metodi
o Utilizzare le offerte stagionali	o
o Non creare un rapporto di dipendenza con il fornitore, non acquistare da un solo fornitore.	o
o Per quantità maggiori, prestare attenzione alla durata e allo spazio di stoccaggio.	o
o Tenere conto del tasso di rotazione dello stoccaggio, soprattutto per i prodotti alimentari.	o
o Effettuare un confronto dei prezzi	o
o Provare anche nuovi prodotti/alimenti	o
o Analisi dei termini di pagamento, premi in natura	o
o Regolare le dimensioni dell'articolo per ridurre al minimo la perdita nel processo di preparazione	o
o Prestare attenzione ai tempi di consegna, evitando di acquistare sotto pressione.	o

○	Considerare anche le differenze inventariali, i costi di stoccaggio e la formazione del capitale.	○
○	Considerare le promozioni	○
○	Mantenere buoni contatti con i fornitori più importanti e affidabili.	○
○	Riflessioni sul tema della produzione interna/acquisto di prodotti finiti	○
○	Aderire a cooperazioni di acquisto	○

Compiti di controllo al ricevimento merci (PCC*)

Raccomandazione	Come si fa?
o Accettare solo la merce ordinata.	o
o Controllare gli articoli per assicurarsi che siano conformi agli standard specificati.	o
o Se si è certi o si sospetta la presenza di parassiti animali, microrganismi patogeni o merce avariata, rifiutare la merce.	o
o Pesare tutti gli articoli acquistati o almeno effettuare controlli a campione.	o
o Controllate a campione tutti gli articoli consegnati in scatole.	o
o Confrontare sempre ordine, bolla di consegna e fattura.	o
o Rilasciare i cartellini per la carne quando si accettano le consegne di carne: N. articolo, peso, prezzo/kg, commerciante, data, accettato/ispezionato	o
o Controlli della temperatura: Le temperature misurate vengono inserite in una lista di controllo e firmate dalla persona che esegue il controllo.	o

Tabella con i dati relativi alla temperatura

Merci che richiedono refrigerazione	Temperatura di consegna	Recensione
Carne fresca	massimo +7°C	Controlli casuali della temperatura con il termometro a sonda per alimenti. Inserire le temperature misurate in una lista di controllo.
Selvaggina	massimo +4°C	
Pollame fresco	massimo +4°C	
Carne macinata	massimo +4°C	
Frattaglie	massimo +3°C	
Pesce fresco	massimo +2°C	
Prodotti congelati	almeno -18°C	Schede di controllo dei fornitori

CCP - Lista di controllo: Controllo della temperatura delle merci in entrata

Nota: le frattaglie non rispettavano le temperature di consegna prescritte e la merce non è stata accettata.

*PCC = punto di controllo critico

Conservazione corretta (PCC)

o   Le materie prime, i materiali di consumo e le forniture necessarie, così come altre merci, devono essere sempre disponibili in termini di qualità e quantità.
o   Le ragioni più comuni che portano al deterioramento degli alimenti sono
    o   Temperature di conservazione non corrette
    o   Tempi di stoccaggio troppo lunghi
    o   Mancanza di ventilazione
    o   Nessuna separazione degli alimenti
    o   Ritardo tra il ricevimento della merce e il corretto stoccaggio
o   Il principio del "primo che entra, primo che esce".
o   Controlli della temperatura di stoccaggio: controllare e documentare regolarmente le temperature nelle celle frigo e frezeer, nei frigoriferi e nei freezer.

Temperature di conservazione degli alimenti:

Merci che richiedono refrigerazione	Temperatura da mantenere
Carne fresca, prodotti a base di carne, formaggio, gastronomia	massimo + 7°C
Prodotti lattiero-caseari	massimo + 10°C
Pollame fresco, carne macinata, selvaggina	massimo + 4°C
Frattaglie	massimo + 3°C
Pesce fresco	massimo + 2°C
Prodotti congelati	almeno -18°C

Esempio di CCP - Lista di controllo

Temperature per celle e armadi frigoriferi

data GG/MM/AA	Locale congelatore 18 °C	Raffreddamento Camera A +7°C	Raffreddamento Camera B +2°C	Cassa di congelamento 18°C	Congelatore A +7 °C	Cassone refrigerante B +2 °C	Firma

Nota: PCC = CCP = punto di controllo critico = critical control point

Emissione di merci per la preparazione degli alimenti

Raccomandazione	Come si fa?
o Merci emesse solo da e per i dipendenti autorizzati	o
o Precauzioni di sicurezza per la consegna delle chiavi	o
o Definizione dei livelli di scorta minimi e massimi per articolo	o
o Ispezione periodica dei rimorchi di carne	o
o Controllo giornaliero delle scorte di prodotti freschi	o
o Rapporto mensile sugli articoli e sull'inventario	o

Preparazione dei pasti

Raccomandazione	Come si fa?
○ Separare le operazioni: Separare le operazioni non pulite (pulizia delle verdure) da quelle pulite (preparazione delle verdure).	○
○ Separare i prodotti: Separare i prodotti animali da quelli vegetali.	○
○ Separare le postazioni di lavoro: Predisporre aree/postazioni di lavoro speciali per carne, pesce e pollame.	○
○ Uno dopo l'altro: se le postazioni di lavoro sono troppo poche o le aree di lavoro sono troppo piccole, preparate i prodotti uno dopo l'altro.	○
○ Pulizia e disinfezione: dopo ogni preparazione, pulire accuratamente i tavoli da lavoro, le superfici e le attrezzature e disinfettare quotidianamente.	○
○ Ridurre al minimo i tempi di preparazione senza refrigerazione: togliere la merce dalla cella frigorifera solo poco prima della preparazione e ridurre al minimo i tempi di preparazione.	○
○ Igiene delle mani: prestare particolare attenzione all'igiene delle mani!	○

Preparazione di prodotti surgelati

Raccomandazione	Come si fa?
o Imballaggio: Rimuovere l'imballaggio prima di scongelare.	o
o Conservazione al freddo: scongelare i prodotti congelati a un massimo di 7°C in un contenitore.	o
o Pollame: scongelare il pollame separatamente, poiché esiste il rischio di salmonella.	o
o Igiene delle mani: prestare particolare attenzione all'igiene delle mani!	o

Cucina calda / HACCP

Raccomandazione	Come si fa?
o Arrostire a 70-80°C: Arrostire carne, pesce, pollame e carne macinata a 70°C per 10 minuti o a 80°C per circa 3 minuti.	o
o Carne fritta (di manzo): le temperature e i tempi di riscaldamento sopra indicati non si applicano alla carne fritta; tuttavia, vi sono pericoli/rischi microbiologici-igienici. I motivi per una cottura breve possono essere la conservazione dei nutrienti o la nouvelle cuisine.	o
o Cibi cotti: Il tempo di conservazione degli alimenti cotti è limitato a 4 ore. La temperatura di questi alimenti deve essere di almeno +65 °C.	o
o Grasso di frittura: controllo sensoriale quotidiano (odore, colore) del grasso di frittura e/o con un sistema di test. Inserire i risultati in una lista di controllo e confermare con la propria firma.	o
o Attenzione: i grassi di frittura esausti mettono in pericolo la salute dei dipendenti e degli ospiti!	o
o Controllo della temperatura: le temperature del nucleo vengono controllate a campione con un termometro a sonda e documentate / annotate in una lista di controllo. L'annotazione è confermata da una firma.	o
o Riscaldare: se la temperatura al nucleo è troppo bassa, è necessario riscaldarla.	o

CCP - Lista di controllo: Controllo della temperatura per la cucina calda

(Esempio del 25.maggio.XXXX)

Data del controllo	Prodotto	Temperatura del nucleo	Post-riscaldamento	Abbreviazione
25 maggio	Arrosto di manzo	67°C	Sì	Sì
25 maggio	Filetto di platessa	72°C	No	No
25 maggio	Grigliata di pollo	90°C	No	No
25 maggio	Polpette	65°C	Sì	Sì

CCP - Lista di controllo: Lista di controllo dei grassi di frittura

(Esempio del 15.giugno.XXXX)

Data di controllo	Controllo sensoriale	Tipo di test	Sostituzione del grasso di frittura	Abbreviazione
15 giugno	Va bene/ VB	-	No	
15 giugno	VB	-	No	
15 giugno	Non VB	-	Sì	
15 giugno	VB	-	No	

Cucina fredda / preparazione di insalate, piatti freddi e dessert

Raccomandazione	Come si fa?
o Tempi di lavorazione: Ridurre al minimo i tempi di lavorazione nella cucina fredda.	o
o Freschezza: lavorazione di verdure, insalate e frutta fresca	o
o Insalate: conservare le insalate preparate a 7°C fino al momento del servizio.	o
o Condimenti: prepararli sempre freschi e conservarli a 7°C fino al momento del servizio.	o
o Salumi: conservare salumi, carne e formaggi a 7°C per non più di 3 giorni.	o
o Dolci: I prodotti da forno, le creme e i dessert con ripieno non cotto devono essere lavorati rapidamente, conservati temporaneamente a 7°C e consumati il giorno stesso.	o
o Uova fresche: le uova fresche non devono essere utilizzate a causa del rischio di salmonella!	o
o Igiene delle mani: prestare particolare attenzione all'igiene delle mani!	o

Ristorazione / HACCP

Raccomandazione	Come si fa?
o Temperature: quando si servono gli alimenti, la temperatura può scendere o superare temporaneamente la temperatura specificata.	o
o essere superato	o
o Pericoli: La temperatura di +65°C per gli alimenti cotti deve essere mantenuta, altrimenti si sviluppano microrganismi patogeni.	o
o Controlli sul riscaldamento e sul servizio degli alimenti: Le temperature degli alimenti da servire devono essere controllate a campione e documentate.	o
o Se la temperatura scende al di sotto del valore specificato di +65°C, è necessario un riscaldamento.	o

CCP - Lista di controllo: Controllo della temperatura durante il servizio

Data di controllo	Riscaldamento degli alimenti	Temperature misurate	Post-riscaldamento	Abbreviazione
25 maggio	Zuppa del giorno	60 °C	breve	
26 maggio	Gratin di patate	67°C	No	
27 maggio	Agnello arrosto	70°C	No	
28 maggio	Arrosto di manzo	65°C	No	

Esposizione di cibi freddi

Raccomandazione	Come si fa?
o Temperature: conservare gli alimenti freddi a un massimo di 7°C.	o
o Tempi: Limitare i tempi di esposizione a 3 o 4 ore	o
o Controllo: controllo permanente degli alimenti freddi esposti	o

Stoccaggio di alimenti pre-prodotti e sovra-prodotti

Raccomandazione	Come si fa?
o Temperature e tempi: Raffreddare entro 3 ore gli alimenti già pronti ed eccedenti, da circa 65°C a circa 10°C.	o
o Conservazione al freddo: conservare gli alimenti pre-prodotti e sovra-prodotti a 7°C.	o
o Conservazione a lungo termine: conservare gli alimenti pre-prodotti e sovra-prodotti a -18°C° per lunghi periodi.	o

Istruzioni di lavoro: arrivo merci (PCC)

Carne macinata:	
Procedura di monitoraggio	Controllo dell'etichetta (data di scadenza); controllo visivo e degli odori e/o misurazione della temperatura (a campione)
Limite di accettazione	vedi informazioni sull'etichetta dell'imballaggio (massimo +4°C)
Misure correttive	Ad esempio, il rifiuto di ritiro della merce
Documentazione	Registrazione dei valori di temperatura misurati
Pollame:	
Procedura di monitoraggio	Controllo dell'etichetta (data di scadenza); controllo visivo e degli odori e/o misurazione della temperatura (a campione).
Limite di accettazione	vedere le informazioni riportate sull'etichetta della confezione (massimo +4°C)
Misure correttive	Ad esempio, il rifiuto di ritiro della merce
Documentazione	Registrazione dei valori di temperatura misurati
Pesce fresco:	
Procedura di monitoraggio	Ispezione visiva (opacità degli occhi, qualità della superficie, consistenza), controllo degli odori e/o misurazione della temperatura (a campione)
Limite di accettazione	in ghiaccio o massimo +2°C
Misure correttive	Ad esempio, il rifiuto di ritiro della merce
Documentazione	Se necessario, descrizione dei difetti, registrazione dei valori di temperatura misurati

Firma   Luogo / Data:

Istruzioni di lavoro: manipolazione del pesce

Consegna di pesce fresco	Il pesce fresco deve essere consegnato con il ghiaccio o ad una temperatura massima di +2°C. Conservare il pesce fresco subito dopo la consegna nella cella frigorifera/nel frigorifero. Caratteristiche riconoscibili del pesce fresco: occhi chiari e sporgenti con pupille nere, branchie rosse, squame ben attaccate, superficie lucida, strato di muco intatto, consistenza soda.
Conservazione del pesce fresco	Conservare in frigorifero/cella frigo in ghiaccio fondente, in modo che l'acqua di fusione possa defluire, o al massimo a +2°C. La temperatura del pesce non deve scendere al di sotto di 0°C (il pesce fresco non deve congelare!). Conservare separatamente i diversi tipi di pesce. Conservare in contenitori puliti e coperti per evitare contaminazioni.
Scongelare il pesce congelato	Il processo di scongelamento del pesce congelato deve essere effettuato a una temperatura di raffreddamento massima di +7°C nella cella frigorifera. Durante lo scongelamento, il pesce deve essere conservato in modo che l'acqua di scongelamento non venga a contatto con altri alimenti e possa defluire.
Manipolazione del pesce fresco	Toccare il pesce fresco solo con le mani pulite. Tutte le operazioni sul pesce fresco (lavaggio, taglio, scomposizione) devono essere

	rigorosamente separate nel tempo da quelle sulle altre materie prime.
Igiene delle mani	Dopo aver toccato il pesce fresco, pulire e disinfettare accuratamente le mani.
Pulizia degli strumenti	Tutti gli utensili come taglieri, coltelli ecc. devono essere puliti a fondo con acqua calda e detergente e, se necessario, disinfettati. (Attenzione: sciacquare il disinfettante con acqua potabile dopo il tempo di contatto richiesto).
Riscaldamento del pesce	La cottura completa si ottiene a una temperatura interna di 80 C per almeno 3 minuti o di 70 C per almeno 10 minuti. Tuttavia, spesso il pesce non può essere cotto completamente per motivi di qualità.

Firma: Luogo/data:

Istruzioni di lavoro: manipolazione della carne

Consegna di carne fresca	La temperatura di consegna della carne fresca non deve superare i +7°C. Posizionare la carne fresca nel frigorifero/cella frigorifera immediatamente dopo la consegna.
Conservazione della carne fresca in cella frigorifera/ Frigorifero	La carne fresca deve essere conservata a una temperatura massima di +7 °C. Utilizzare solo contenitori puliti per conservare la carne fresca o cotta. Coprire i prodotti aperti (coperchi, fogli di alluminio, ecc.). Assicurarsi che la carne e il pollame siano conservati separatamente.
Scongelare la carne congelata	Il processo di scongelamento della carne congelata deve essere effettuato a una temperatura di raffreddamento massima di +7°C nel frigorifero/cella frigorifera. Durante lo scongelamento, la carne deve essere conservata in modo tale da evitare. il contatto dell'acqua di scongelamento con altri alimenti.
Manipolazione della carne	Toccare la carne solo con le mani pulite. Tutte le operazioni sulla carne (lavaggio, taglio, scomposizione) devono essere rigorosamente separate dal lavoro su altre materie prime. Maneggiare separatamente la carne e il pollame.
Igiene delle mani	Dopo aver toccato la carne fresca o scongelata, le mani devono essere accuratamente pulite e, se necessario, disinfettate.
Pulizia degli strumenti	Tutti gli utensili come taglieri, coltelli ecc. devono essere puliti a fondo con acqua calda e detergente e, se necessario, disinfettati. (Attenzione: sciacquare accuratamente il disinfettante con acqua potabile dopo il tempo di contatto richiesto).
Riscaldare la carne (arrostire, grigliare)	Quando si arrostisce e si griglia, la temperatura al cuore deve essere di 80°C per almeno 3 minuti o di 70°C per almeno 10 minuti. Questo requisito non si applica alla carne arrostita rapidamente!

Firma: Luogo/data:

Capitolo 5: Formazione del personale

"Chiunque produca, manipoli o immetta sul mercato alimenti deve garantire, nell'ambito delle misure operative, che le persone che manipolano gli alimenti siano istruite o formate su questioni di igiene alimentare in funzione delle loro attività."

- o Certificato: Ogni dipendente che produce, tratta o immette sul mercato alimenti deve fornire una prova di istruzione da parte del dipartimento di sanità pubblica prima di iniziare a lavorare in azienda, non più il certificato sanitario precedentemente in uso.

- o Istruzione: inoltre,dopo l'inizio del lavoro il ristoratore deve istruire i propri dipendenti sulle attività e sui divieti di impiego. Le formazioni devono essere ripetute ogni anno e documentate.

- o Raccomandazione del legislatore: il legislatore raccomanda espressamente che la formazione dei dipendenti ai sensi della legge sulla protezione dalle infezioni venga effettuata insieme alla formazione dei dipendenti ai sensi dell'ordinanza sull'igiene alimentare o dell'HACCP. Anche la formazione/istruzione sugli allergeni è un OBBLIGO.

Tabella dei partecipanti: Formazione del personale

(per il portadocumenti rosso della cucina)

Argomento: Legge sulla protezione dalle infezioni e HACCP	Data:
Nomi dei dipendenti	Firma dei dipendenti
1.	
2.	
3.	
4.	
5.	
6.	
7.	
8.	
9.	
10.	
11.	
12.	
Formatore: F. Höchsmann	Formatore: FH

Raccomandazioni per la formazione del personale: 5 principi per cuochi e assistenti di cucina

1. Priorità assoluta: ordine e pulizia sul posto di lavoro, nonché abiti da lavoro puliti, mani e braccia pulite, sane e pronte a servire;

- Rispetto della lista di controllo per la pulizia e la disinfezione e della lista di controllo per le attività in cucina.
- Indossare indumenti da lavoro e cambiarsi se sporchi.
- Lavare e disinfettare accuratamente le mani e gli avambracci prima di iniziare il lavoro, quando sono sporchi, dopo aver terminato il lavoro e dopo aver usato la toilette.
- Non lasciare aperti detergenti e disinfettanti.

2. Vengono lavorati e serviti solo cibi e piatti impeccabili;

- Ispezione degli alimenti per verificarne il perfetto stato al momento del ritiro delle merci e prima della lavorazione.
- I piatti sono preparati secondo gli standard di qualità prestabiliti (ricette, istruzioni, foto, quantità e qualità).
- Prima di servire il cibo, verificatene la qualità: gusto, temperatura, odore, quantità, colori, proporzioni o impressione visiva, perché: si mangia con gli occhi!
- Accendete il ponte termico e preparate le stoviglie per il pranzo e poi per la cena.
- Friggitrice: monitoraggio costante della temperatura e della qualità del grasso, che viene cambiato regolarmente e registrato nel registro di cucina.
- Lasciare la ventilazione in funzione durante la cottura.
- Rischio di salmonella: è severamente vietato servire carne macinata cruda e/o dessert con uova crude o albumi sbattuti.

3. Ottimizzazione dello stoccaggio e della manutenzione delle merci:

- Registro della temperatura: monitoraggio continuo delle temperature nelle celle frigorifere, nei frigoriferi e nei congelatori e verifica giornaliera mediante registrazione della temperatura nel registro.
- Conservare gli alimenti separatamente in base alla loro destinazione;

- o Verdure e patate
- o Prodotti a base di patate
- o Prodotti pronti e prodotti freschi
- o Carne e prodotti a base di carne
- o Ghiaccio
- o Pasticceria, pane e panini

o Conservazione nei frigoriferi: dividere per gamma di prodotti, in contenitori adeguati. Etichettatura degli alimenti surgelati (data, tipo di prodotto, quantità).

o Stoccaggio in cella frigorifera diviso per gamma di prodotti:

- o Pesce e prodotti ittici
- o Carne e prodotti a base di carne
- o Insalate e maionese
- o Formaggio e prodotti caseari
- o Grassi
- o Latte e prodotti caseari
- o Patate e prodotti a base di patate
- o Conserve di frutta e verdura
- o Frutta e verdura fresca

4. Lavoro economico:

La base del nostro lavoro è il calcolo preciso dei costi e la pianificazione e preparazione scrupolosa del buffet della colazione, del pranzo e della cena.

5. Vale il principio: non si possono distribuire cibi e bevande senza uno scontrino!!!

Annotato: _______________________________ Data: ____

Legge sulla protezione dalle infezioni ai sensi dei §§ 42, 43

1. Requisiti generali

- Durante la manipolazione e la lavorazione, l'uomo può trasferire agli alimenti germi indesiderati. Per questo motivo, nel settore della ristorazione non possono essere impiegate persone affette da malattie infettive che possono essere trasmesse tramite gli alimenti.
- I dipendenti del settore della ristorazione devono essere in grado di riconoscere i sintomi (disturbi) delle malattie infettive trasmissibili e comportarsi di conseguenza.
- La legge sulla protezione dalle infezioni impone ai dipendenti speciali requisiti sanitari per la manipolazione degli alimenti. Ogni dipendente che produce, manipola o immette sul mercato alimenti deve fornire un certificato di istruzione del dipartimento di sanità pubblica prima di iniziare a lavorare nell'azienda. Questa formazione iniziale non è necessaria se può essere presentato un certificato sanitario valido ai sensi della (vecchia) Legge federale tedesca sulla protezione dalle malattie.
- Inoltre, il ristoratore deve istruire i propri dipendenti sui divieti di attività e di impiego dopo l'inizio del lavoro. Queste formazioni devono essere ripetute ogni anno e devono essere documentate. Il ristoratore deve conservare il certificato dell'autorità sanitaria e le registrazioni delle formazioni e presentarle per l'ispezione su richiesta dell'autorità di controllo alimentare e/o di altre autorità competenti.
- I requisiti della legge sulla protezione dalle infezioni si applicano anche ai dipendenti delle strutture di ristorazione in occasione di feste di piazza o di club parties.

2. Certificato dell'autorità sanitaria
- o Persone che devono essere impiegate in cucine di catering (ad esempio in pub, ristoranti, bar, alberghi o altre strutture con o per la ristorazione collettiva)
- o Persone che entrano in contatto con i seguenti prodotti alimentari durante la produzione, la manipolazione o l'immissione sul mercato:
- – Carne, carne di pollame e prodotti derivati,
- – Latte e prodotti a base di latte,
- – Pesci, crostacei o molluschi e prodotti derivati,
- – Prodotti a base di uova,
- – Alimenti per neonati e bambini,
- – Gelati e semilavorati per gelati,
- – Prodotti da forno con ripieno o guarnizione non sufficientemente cotti,
- – Gastronomia, insalate di cibo crudo e di patate, marinate, maionesi, altre salse emulsionate, lieviti nutrizionali.
- o Le persone che entrano in contatto con utensili, come posate, stoviglie o altre attrezzature da lavoro, tali da far sussistere un possibile rischio di trasmissione di agenti patogeni agli alimenti, prima di iniziare a lavorare devono dimostrare di avere un certificato di istruzione del dipartimento di sanità pubblica o di un medico autorizzato dal dipartimento di sanità pubblica risalente a non più di tre mesi prima. Il certificato deve essere presentato al datore di lavoro al più tardi il primo giorno di lavoro del dipendente.
- o I certificati dell'autorità sanitaria devono essere disponibili anche per il ristoratore stesso e, se del caso, per i membri della sua famiglia se lavorano in cucina o entrano in contatto con gli alimenti o i beni di consumo menzionati.
- o Chi è in possesso di un certificato sanitario valido ai sensi del § 18 della Legge federale tedesca sulle epidemie non deve fornire la prova di un ulteriore certificato di istruzione dell'autorità sanitaria. Il certificato sanitario ottenuto prima del 1° gennaio 2001 è valido come sostituto del certificato di istruzione iniziale ai sensi della legge sulla protezione dalle infezioni.

o   Se il luogo di lavoro cambia, ad esempio da un banco di vendita al dettaglio di pesce a una cucina per la ristorazione, non è necessario presentare un nuovo certificato di istruzione. Il certificato sanitario acquisito una volta o il certificato di istruzione dell'autorità sanitaria acquisito a partire dal 1° gennaio 2001 è generalmente valido a tempo indeterminato.

3. Obblighi di istruzione e documentazione del ristoratore
o   Il ristoratore è tenuto ad istruire i suddetti dipendenti come segue:
–   dopo aver intrapreso per la prima volta il lavoro in azienda e
–   In seguito, l'azienda riferisce annualmente sui divieti di attività e di impiego e sugli obblighi di comunicazione dei dipendenti.
o   Le istruzioni devono essere documentate. Per la documentazione si può utilizzare il modello di documentazione riportato in appendice. Si raccomanda di realizzare il momento di struzione insieme alla formazione dei dipendenti in conformità all'ordinanza sull'igiene alimentare.
o   I certificati rilasciati dall'autorità sanitaria e i registri delle formazioni interne devono essere conservati sul luogo di lavoro e presentati all'ispettore dell'autorità competente per il controllo degli alimenti e ad altre autorità competenti su richiesta.
o   Se i dipendenti sono impiegati in sedi diverse, è sufficiente che le copie certificate o le copie autenticate dei registri di istruzione possano essere presentate nelle rispettive sedi (si veda l'articolo 43 (5) IfSG).

4. Divieti di attività e di impiego
o   Le persone non possono lavorare nelle cucine di ristorazione menzionate né entrare in contatto con gli alimenti e i beni di consumo menzionati,
–   se si hanno sintomi (disturbi) delle seguenti malattie o se un medico ha diagnosticato le seguenti malattie: tifo addominale, paratifo, colera, dissenteria da shigella, salmonellosi, un'altra malattia infettiva gastrointestinale, epatite virale A o E, ferite

infette o malattie infettive della pelle i cui agenti patogeni possono essere trasmessi attraverso il cibo.

– se l'esame di laboratorio di un campione di feci ha mostrato l'escrezione di salmonella, shigella, batteri di Escherichia coli enteroemorragici, vibrioni del colera.

o I divieti di attività e di lavoro si applicano anche in caso di semplice sospetto delle malattie infettive menzionate, cioè se si manifestano sintomi come diarrea o febbre senza una diagnosi specifica. Di solito il sospetto può essere confermato o escluso solo da una visita medica.

o I divieti di attività e di lavoro si applicano anche nei casi in cui le persone continuino a espellere agenti patogeni dopo che i sintomi si sono attenuati (i cosiddetti escretori).

o L'autorità sanitaria competente può autorizzare eccezioni al divieto di attività e di impiego.

5. Sintomi tipici delle malattie infettive trasmissibili

o Diarrea con più di due feci sottili al giorno, che può essere accompagnata da nausea, vomito e febbre (tipica della febbre tifoidea addominale e paratifoidea)

o Vomito e diarrea con dolore addominale, eventualmente brividi, con febbre bassa, spesso nei mesi estivi (tipico dell'infezione da salmonella)

o Diarrea bianca lattiginosa con elevata perdita di liquidi, vomito e dolore addominale (tipica del colera)

o Diarrea sanguinolenta, spesso con febbre alta, cefalea e dolore addominale (tipica della shigellosi/dissenteria batterica)

o Febbre alta, eventualmente con forte mal di testa, dolori addominali o articolari e costipazione, che sfocia in una grave diarrea solo alcuni giorni dopo (tipica della febbre tifoidea e paratifoidea)

o Ingiallimento della pelle e dei bulbi oculari con debolezza e perdita di appetito (tipico dell'epatite A o E)

o La pelle arrossata, unta, trasudante o gonfia o le ferite aperte sono indice di ferite infette o di pelle infetta.

Le piccole ferite aperte sulle mani o sulle braccia devono essere medicate con cerotti impermeabili e, se necessario, devono essere indossati tutori per le dita o guanti. Se i dipendenti o il ristoratore stesso presentano i sintomi (disturbi) descritti o se è stata rilevata una delle malattie menzionate o l'escrezione degli agenti patogeni citati, il ristoratore deve adottare misure per prevenire l'ulteriore diffusione degli agenti patogeni. Di norma, è necessario consultare il medico di famiglia.

6. Obblighi di comunicazione del dipendente

o Se uno dei suddetti sintomi (disturbi) si manifesta in un dipendente, vi è il pressante sospetto che la persona sia affetta da una malattia infettiva trasmissibile. In questi casi, il dipendente deve informare immediatamente (senza punibili ritardi) il datore di lavoro del proprio stato di salute!

o Qualsiasi dipendente che non ottemperi a questo obbligo di segnalazione, o che non lo faccia in modo corretto, completo o puntuale, commette un reato e può essere multato fino a 25.000 euro dall'autorità di regolamentazione competente.

È consigliabile inserire nel contratto di lavoro una clausola che stabilisca che il dipendente è obbligato per contratto a comunicare immediatamente al datore di lavoro eventuali reclami di carattere sanitario o malattie infettive rilevate. In caso contrario, il dipendente è responsabile dei danni e della rivalsa se gli ospiti o i dipendenti si ammalano a causa di cibo contaminato e avanzano richieste di risarcimento danni nei confronti del ristoratore.

Firma> ___________________   Luogo> _______________<

Data: |__| |__| |____|

Etichettatura e informazioni sugli allergeni

Motivo dell'etichettatura

- Le allergie e le intolleranze alimentari sono aumentate.
- In Germania, il 27% degli uomini e il 39% delle donne soffrono di allergie.
- Sono 25 milioni, quasi un terzo della popolazione.
- Il 43% delle persone colpite soffre di un'allergia ai pollini
- Il 23% è allergico agli acari della polvere e
- Il 20% è allergico agli alimenti.

(Fonte: Spiegel)

Allergia	Incompatibilità / intolleranza
L'allergia è una reazione di difesa eccessiva del sistema immunitario nei confronti di determinate sostanze ambientali normalmente innocue (allergeni), che si manifesta con sintomi tipici spesso accompagnati da processi infiammatori.	Intolleranza o allergia? Se lo stomaco fa male poco dopo aver mangiato, le mucose si gonfiano o l'intestino brontola, molti pensano subito a un'allergia. Tuttavia, questa diagnosi non è sempre corretta, poiché spesso il sistema immunitario non è responsabile dei sintomi. In questo caso si parla di intolleranza alimentare.

Merce sfusa e preconfezionata	
I prodotti sfusi o non confezionati sono alimenti che vengono offerti in vendita sfusi, ad esempio al banco delle panetterie o delle macellerie con servizio (ad esempio, salsicce, pane). Anche gli alimenti offerti nella ristorazione fuori casa, come i ristoranti o le mense, sono definiti prodotti sfusi. I prodotti sfusi non avevano l'etichettatura degli allergeni fino al 13.12.2014.	**I prodotti preconfezionati o (pre)confezionati** sono prodotti alimentari in qualsiasi tipo di imballaggio che vengono confezionati e sigillati in assenza dell'acquirente, in modo che la quantità contenuta non possa essere modificata senza alterare visibilmente l'imballaggio. Sono compresi tutti i prodotti alimentari confezionati. Questi prodotti hanno un'etichettatura conforme all'ordinanza sull'etichettatura dei prodotti alimentari.

14. Allergeni che devono essere etichettati come ingredienti:

Cereali contenenti glutine (frumento, segale, orzo, avena, farro, kamut, farro spelta, farro piccolo, farro verde; si trovano nella farina, nella birra, nei prodotti di salumeria, nei dolci)

Crostacei (ad es. granchi, gamberi, gamberetti; presenti ad es. in zuppe, salse, sughi per condimenti)

Uova (ad es. come uovo liquido, lecitina, (ov)-albumina; presenti ad es. in maionese, pangrattato, condimenti)

Pesce (tutte le specie ittiche; presente ad esempio in estratti di pesce, sughi per condimenti, salse)

Arachidi (ad es. olio di arachidi, burro di arachidi; presenti in prodotti da forno, cioccolato, ecc.)

Soia (ad es. come miso, salsa di soia, olio di soia; si trova ad es. nei prodotti da forno, nei marinati, nella crema di caffè)

Latte (prodotti come burro, formaggio, lattosio, proteine del siero di latte; presenti ad esempio in salsicce, salse, crocchette)

Frutta a guscio (mandorle, nocciole, noci, anacardi, noci di pecan, noci del Brasile, pistacchi, noci di macadamia, presenti ad esempio in dolci, cioccolato, pesto)

Sedano (sedano pallido, sedano rapa e radice di sedano; si trova, ad esempio, in salsicce, brodi, miscele di spezie)

Senape (ad es. semi di senape, polvere di senape in condimenti, ketchup, miscele di spezie)

Semi di sesamo (ad esempio come olio di sesamo, tahin, gomasio; si trovano nei dolci, nei falafel, nei marinati, ecc.)

Lupino (ad esempio come farina di lupino, proteina in prodotti vegetariani e senza glutine)

Molluschi (ad esempio lumache, calamari, ostriche, presenti in salse, specialità asiatiche, ecc.)

Anidride solforosa e solfito (E 220-E 228, in frutta secca, vino, aceto)

Tutti gli altri possibili alimenti allergenici, come le fragole o le mele, non devono essere dichiarati.
Non appartengono a un gruppo di alimenti che causano allergie o intolleranze nella maggior parte della popolazione europea.

Capitolo 6: Le liste di controllo come ausilio per la verifica del sistema HACCP

Controllo dell'igiene del personale di cucina

Criteri di verifica (10 punti = ok)	Classificazione igienica					Commenti
	10	8	6	4	2	
1. consapevolezza dell'igiene						Il personale è attento all'igiene? Abiti da lavoro puliti? Aspetto curato? Igiene orale?
2. copricapo						Tutto il personale di cucina porta copricapi, capelli lunghi legati all'indietro, retine, protezioni per la barba?
3. scarpe da lavoro						Tutto il personale di cucina indossa scarpe da lavoro antiscivolo?
4. senza gioielli						Tutto il personale di cucina è privo di gioielli? Mani, braccia, viso?
5. regole della cucina						I dipendenti rispettano il divieto di mangiare, bere e fumare in cucina? Viene rispettato il piano di pulizia della cucina?
6. lavarsi le mani						Esiste una struttura ben attrezzata per il lavaggio delle mani con lavandino, acqua calda/fredda, dispenser di sapone, disinfettante, asciugamani di carta? Le mani vengono lavate?

7. spazi per il personale						Ci sono stanze pulite per cambiarsi, armadietti, WC, docce?
8. assenza di ferite						Le ferite dei dipendenti sono prive di infezioni cutanee? Guanti di protezione per le ferite?
9. unghie						Le unghie dei dipendenti devono essere corte e senza colori, niente unghie artificiali! Il colore dello smalto si sfalda, le unghie artificiali si staccano e contaminano gli alimenti
10. formazione del personale						Istruzione iniziale (dipartimento di sanità pubblica), Legge sulla protezione dalle infezioni ai sensi dei §§ 42/43 Principi dell'ordinanza sull'etichettatura dei prodotti alimentari/HACCP
Indice di igiene del personale						

Controllo dell'igiene alimentare

Criteri di verifica (10 punti = ok)	Classificazione igienica					Commenti
	10	8	6	4	2	
1. imballaggio di prodotti alimentari (PAI)						L'imballaggio non deve presentare danni che possano provocare l'ingresso di sporcizia o insetti.
2. alimenti che necessitano di refrigerazione						La refrigerazione non deve essere interrotta per gli alimenti che ne necessitano (carne, uova, latte, prodotti alimentari semilavorati).
3. separazione tra alimenti puliti e impuri						Separazione degli alimenti puliti da quelli non puliti durante il trasporto, lo stoccaggio e la lavorazione.
4. insaporire i PAI						Seguite le istruzioni per l'aromatizzazione degli alimenti?
5. prodotti surgelati						Come vengono scongelati i cibi surgelati? Ci sono contenitori appositi? Ci sono istruzioni speciali?
6. Controlli della temperatura						I frigoriferi, le celle frigorifere e i congelatori vengono controllati regolarmente? Le temperature vengono

						misurate e documentate anche durante la produzione e il servizio degli alimenti?
7. data di scadenza						Gli alimenti con data di scadenza sono trattati correttamente? Vengono lavorati al momento giusto?
8. buffet						Gli alimenti del buffet della colazione, del pranzo o della cena non possono essere offerti per più di 3 ore. La temperatura deve essere misurata nel frattempo. Prova?
9. guanti						Il personale indossa i guanti quando lavora per gli ospiti o nell'area degli ospiti quando intaglia o porziona?
10. controllo dei parassiti						Controllo degli infestanti verificabile da parte di un disinfestatore? Trappole per insetti?
Indice di igiene PAI						

Controllo dell'igiene in cucina

Criteri di verifica (10 punti = ok)	Classificazione igienica					Commenti
	10	8	6	4	2	
1. ordine e programma assoluto di pulizia/lavaggio						La cucina è in ordine? Le entrate e le uscite sono libere? Tutti gli imballaggi degli alimenti vengono smaltiti nel rispetto dell'ambiente? C'è il rischio di ISC? (rischio di inciampo, scivolamento e caduta) La cucina è assolutamente pulita? Esiste un piano di pulizia? È rispettato e documentato?
2. apparecchiature di raffreddamento						I sistemi di raffreddamento sono in ordine? Guarnizioni in gomma? Termometro? Gocciolamento?
3. zanzariera						Le porte e le finestre che si aprono all'esterno sono dotate di zanzariere? Sono perfettamente pulite?
4. cestino per rifiuti con coperchio						Tutti i bidoni della spazzatura sono dotati di coperchio? Vengono lavati e igienizzati dopo lo svuotamento? I rifiuti sono differenziati? Chi è responsabile dei rifiuti?
5. superfici di lavoro / taglieri						Ci sono superfici di lavoro separate per i PAI puliti e quelli non puliti? Le superfici di lavoro sono pulite? Vengono pulite e

						disinfettate regolarmente? Verifica! I taglieri sono puliti e sverniciati o presentano segni? È tutto documentato?
6. strumenti / utensili da lavoro						Tutti gli elettrodomestici e gli utensili da cucina sono in ordine? Gli apparecchi elettrici sono stati controllati? Prova!
7. scaffali e aree di stoccaggio						Ci sono bottiglie o contenitori di vetro o porcellana sugli scaffali? Rischio di schegge! (no = 10)
8. illuminazione						L'illuminazione è protetta da un paraschegge in vetro?
9. pozzetto Gully						La griglia di drenaggio del canale è pulita e l'acqua sporca può defluire facilmente? Il canale di scolo viene pulito regolarmente?
10. lavabo						La cucina ha due tipi di lavelli: quello per il lavaggio delle mani e quello per gli alimenti? I lavelli devono essere separati! Il lavello per il lavaggio delle mani ha una chiusura a gradino/braccio lungo, un dispenser di sapone, disinfettante, crema neutra per le mani e asciugamani di carta.
Indice di igiene della cucina						

Lista di controllo: Pulizia e disinfezione

<u>Quotidianamente:</u>
- Disinfettare tutti gli utensili da cucina, le pareti, gli armadi, i tavoli da lavoro, le tavole, ecc. la sera.
- Pulire le tavole di lavoro dopo ogni operazione.
- Pulire il bagnomaria dopo il pasto serale.
- La piastra di cottura è sempre funzionale e pulita.
- Svuotare e pulire la lavastoviglie dopo pranzo e cena.
- Pulire il tagliere dopo l'uso e levigarlo ogni giorno.
- Pulire accuratamente la cucina quando necessario e dopo ogni turno di lavoro.
- Pulire il pavimento della cucina come richiesto, pulire con XXX dopo il turno del pranzo e disinfettare con YYY dopo il turno serale.
- Pulire gli elettrodomestici e gli utensili da cucina dopo ogni utilizzo.
- Il forno a microonde è sempre funzionante e pulito.
- Svuotare e lavare i contenitori per la raccolta dei rifiuti dopo ogni turno, disinfettare la sera - sempre!

<u>Settimanale:</u>
- Pulire i cofani degli estrattori.
- Pulire il pavimento dell'ingresso.
- Pulire accuratamente la macchina da caffè e, se necessario, decalcificarla.
- Pulire la cella frigorifera.
- Pulire l'interno e l'esterno dei frigoriferi.
- Pulire l'esterno dei congelatori.
- Pulire i magazzini.
- Pulire scaffali e armadi.

<u>Mensile:</u>
- Pulire le finestre.
- Sbrinare e pulire i congelatori.
- Pulire gli altri armadi e gli scaffali.
- Pulire gli scaldavivande.
- Pulire gli armadi riscaldanti.

<u>Per trimestre/anno:</u>
- Pulizia e disinfezione accurata di tutta la cucina
- Inventario e manutenzione dei dispositivi

Riparazione/manutenzione/commento:

Lista di controllo: Piano di pulizia / Piano di igiene

OK	Quando	Cosa	Come e con cosa
	Dopo l'uso	Tavoli, superfici di lavoro, utensili da lavoro, cestini per i rifiuti, ecc.	Acqua (calda), detergente, disinfettante, lavastoviglie, spazzole, mocio, secchio, panno, ecc.
	Giornaliero	Piano	Spazzolare / strofinare, strofinare a umido, asciugare
	Giornaliero	Porte e pareti	Pulizia, lavaggio
	Giornaliero	Piani di cottura, pentole, utensili da cucina	Pulizia, lavaggio, ecc.
	Giornaliero	Trasformatori di alimenti	Pulizia, pulizia con disinfettante
	Giornaliero	"Angolo della spazzatura"	Pulizia, pulizia con disinfettante
	Mensile o prima	Finestre, specchi	Pulizia, lavaggio
	Settimanale o prima	Forno a convezione, cofano aspirante (s), forno	Pulizia, lavaggio, pulizia del forno
	Settimanale o prima	Celle frigorifere, frigoriferi, congelatori	Sbrinamento, pulizia, sanificazione
	Settimanale o prima	Canaline, scarichi, fognature	(imbottitura) pulizia, lavaggio, ecc.

Presa visione: (per tutto il personale di cucina)

(si prega di archiviare l'elenco delle firme nel portadocumenti rosso della cucina)

Nome del dipendente	Firma del dipendente	Data / Commento

Lista di controllo: Attività in cucina

Turno anticipato:

- Uniforme e sicurezza sul lavoro
- Controllo del luogo di lavoro (pulizia)
- Controllo della temperatura
- Leggere il libro dei turni
- Aiuto nella preparazione della colazione a buffet
- Preparazione del servizio del pranzo
- Effettuazione del servizio del pranzo
- Ricevimento e ispezione delle merci
- Stoccaggio e controllo delle merci
- Pulizia intermedia
- Lavoro di preparazione per il turno della sera
- Pulizia della cucina secondo i piani
- Note nel libro dei turni
- Passaggio di turno

Turno della sera:

- Uniforme e sicurezza sul lavoro
- Controllo del luogo di lavoro (pulizia)
- Controllo della temperatura
- Leggere il libro dei turni
- Preparazione del pasto serale / a la carte
- Effettuazione del servizio serale / a la carte
- Realizzazione degli eventi
- Lavoro di preparazione per il turno di lavoro anticipato
- Pulizia e disinfezione della cucina secondo il piano di lavoro
- Note nel libro dei turni
- Passaggio di turno

Lista di controllo: Valutazione dei fornitori

Criteri di selezione e valutazione dei fornitori	10/9 ☐☐		8/7 ☐		6/5 ☐		4/3 ☐		2/1 ☐☐	
Qualità della merce consegnata e delle sue temperature										
Rispetto dei nostri requisiti, in particolare dei tempi di consegna										
Referenze										
Prezzo, rapporto prezzo/prestazioni										
Affidabilità										
Erogazione di informazioni dettagliate sul prodotto										
Supporto offerto (assistenza tecnica)										
Flessibilità e interesse										
Le nostre possibili misure correttive sono supportate (obbligo del fornitore)?										
Certificazione ISO 9001?										
Punti raggiunti:										

Capitolo 7: Raccomandazioni e suggerimenti

Modulo contro campioni

Muestra de alimentos Event:	insalda	Portata principale	Altri alimenti	Campioni trattenuti		Smeltimento dei campioni conservati	
				Quan-do?	Chi?	Quan-do?	Chi?

Modulo buffet

Cognome, nome _______________________________
Via, n. _______________________________
Codice postale, città _______________________________
Telefono/Fax _______________________________
Numero prenotazione _______________________________
Evento _______________________________

Gentile ospite,

Lavoriamo in conformità alla legge europea sull'igiene HACCP[2] e ai nostri standard di qualità certificati TÜV da HOTQUA[3] .
I cibi caldi e freddi non possono essere offerti al buffet per più di 3-4 ore.
Pertanto, non ci assumiamo alcuna responsabilità nel caso in cui il cibo del buffet venga portato con sé a proprio rischio e pericolo.
Con la sottoscrizione si accettano le conseguenze e i danni conseguenti al consumo dei cibi confezionati del buffet.

Con i migliori saluti,   La vostra direzione della cucina

Con la presente confermo di aver letto e compreso la dichiarazione di cui sopra e di accettare tutti i diritti di rivalsa che potrebbero sorgere.

Luogo e data   Firma

---

[2] HACCP = Hazard Analysis of Critical Control Point
[3] HOTQUA = Hotel Tourism Quality (Qualità del turismo alberghiero)

Box questionari

Cognome, nome   _______________________________
Via, n.   _______________________________
Codice postale, città _______________________________
Telefono/Fax   _______________________________
Numero prenotazione _______________________________
Evento   _______________________________

Gentile ospite,
Lavoriamo in conformità alla legge europea sull'igiene HACCP[4] e ai nostri standard di qualità certificati TÜV da HOTQUA[5] .
Siete invitati a portare a casa i vostri avanzi.
Il nostro personale di servizio sarà lieto di portarvi una scatola di cibo.
In questo modo è possibile impacchettare in modo igienico gli avanzi e portarli a casa.
Vi chiediamo di firmare questo modulo per motivi di sicurezza. Firmando questo modulo, accettate di assumervi i rischi per la salute che potrebbero derivare dal successivo consumo degli avanzi.
Vi ringraziamo per la vostra comprensione

Con i migliori saluti,   La vostra direzione della cucina

____

Con la presente confermo di aver letto e compreso la dichiarazione di cui sopra e di accettare tutti i diritti di rivalsa che potrebbero sorgere.

Luogo e data   Firma

---

[4] HACCP = Hazard Analysis of Critical Control Point
[5] HOTQUA = Hotel Tourism Quality (Qualità del turismo alberghiero)

Modulo torte

Cognome, nome \
Via, n. \
Codice postale, città \
Telefono/Fax \
Numero prenotazione \
Evento

Caro ospite / Caro organizzatore

Gli hotel e gli esercizi di ristorazione sono obbligati a rispettare la legislazione alimentare europea / direttiva HACCP. Questa stabilisce che gli alimenti devono dimostrare di rispettare le temperature minime e la catena di refrigerazione. Se la direttiva non viene rispettata, l'azienda sarà ritenuta responsabile.

Vi chiediamo pertanto, in qualità di organizzatori/ospiti, di fornirci prima dell'evento una dichiarazione scritta in cui vi assumete la responsabilità di eventuali conseguenze (danni e danni conseguenti). Solo in questo modo potrete portare e distribuire il cibo per il suddetto evento ai vostri ospiti.

Firmando, l'utente accetta di farsi carico di qualsiasi rischio per la salute che possa derivare dal consumo del cibo portato all'evento.

Vi ringraziamo per la vostra comprensione

Con i migliori saluti, La vostra direzione della cucina

Con la presente confermo di aver letto e compreso la dichiarazione di cui sopra e di accettare tutti i diritti di rivalsa che potrebbero sorgere.

Luogo e data Firma

Modulo: Campioni settimanali di temperatura degli alimenti

Settimana solare |_______________| Anno |_____________|

CCP - Lista di controllo (checklist): Prova del controllo della temperatura
Cucina calda = 70-80° C

Data/giorno di controllo	Prodotto	Temperatura del nucleo	Post-riscaldamento
ad esempio XX.YY.ZZ	Arrosto di manzo	67°C	Sì a 80° C
Lunedì			
Martedì			
Mercoledì			
Giovedì			
Venerdì			
Sabato			
Domenica			

CCP - Lista di controllo: Controllo della temperatura quando si servono gli alimenti

= 65° C cibi caldi e 07° C cibi freddi

Data/giorno di controllo	Riscaldamento degli alimenti	Misurato Temperature	Post-riscaldamento
ad esempio AA.BB.CC.	Zuppa del giorno	60 °C	Brevemente a 65°C
Lunedì			
Martedì			
Mercoledì			
Giovedì			
Venerdì			
Sabato			
Domenica			

Esposizione di cibi caldi e freddi/buffet

- Mettere fuori i cibi freddi a un massimo di 7°C, mantenere la temperatura
- Mettere fuori gli alimenti caldi ad almeno 65°C, mantenere la temperatura
- Tempi: Limitare i tempi di esposizione a 3 o 4 ore
- Controllo: controllo permanente dei cibi freddi e caldi, documentazione della temperatura (portadocumenti rosso).
- Attenzione Catering: prelevare i campioni e conservarli per almeno 2 settimane. Archiviate coscienziosamente la documentazione!

Controllare il termometro

I termometri devono essere controllati una volta all'anno!

Passi	Descrizione	Commento
Passo 1	Tutti i termometri sono registrati in un elenco	Descrivere la posizione
Passo 2	I termometri vengono controllati annualmente	Lo chef determina la data del test
Passo 3	Viene acquistato un termometro calibrato	Allegare una copia della prova d'acquisto.
Passo 4	Confronto tra le temperature dei vecchi termometri e quelle dei nuovi.	Ci sono scostamenti e, in caso affermativo, con quale termometro?
Passo 5	Smaltimento di termometri (mobili) con deviazioni	Inserire lo smaltimento nell'elenco delle rotture
Passo 6	I termometri integrati sono sostituiti da tecnici	Chiamare il fornitore della tecnologia di raffreddamento, fissare un appuntamento, ecc.
Passo 7	Il processo di audit viene documentato	Archiviare il documento nel portadocumenti rosso fino alla prossima ispezione.

Elenco dei termometri

Termometro	Posizione / Proprietario	In ordine o smaltiti
TM mobile	Chef	
TM mobile	Vice dello Chef	
TM mobile	Cuoco / Assistente cuoco	
TM fisso	Frigorifero cucina	
TM fisso	Frigorifero Cella frigorifera	
TM fisso	Cella freezer / congelatore	

Revisione fatta il |__| |__| |____| Revisore|___________________|

Prova d'acquisto: vedi retro / copia allegata

Controllare le bilance

La bilancia deve essere controllata una volta all'anno!

Passi	Descrizione	Commento
Passo 1	Tutte le bilance sono registrate in un elenco	Descrivere la posizione.
Passo 2	Le bilance vengono controllate annualmente	Lo chef determina la data del test.
Passo 3	La bilancia viene testata con un KG di zucchero acquistato per questo scopo.	Allegare una copia della prova d'acquisto.
Passo 4	Le bilance testate devono visualizzare esattamente un KG.	Ci sono variazioni e, in caso affermativo, su quali bilance?
Passo 5	Regolazione della bilancia che non lo visualizza con precisione.	Le bilance moderne dispongono di un'opzione di regolazione, comprese quelle digitali.
Passo 6	Il processo di audit viene documentato.	Archiviare il registro nel portadocumenti rosso fino alla prossima ispezione.

Elenco delle bilance registrate:

Bilance	Posizione	OK o riadattato?
Digitale	Cucina (controllare con 1 KG di zucchero)	
Digitale	Cucina per la prima colazione (controllare con 1 KG di zucchero)	
Analogica	Cucina (controllare con 1 KG di zucchero)	
Analogica	Cucina per la prima colazione (controllare con 1 KG di zucchero)	
Bilance per borse	Merce in arrivo (verificare con un peso calibrato di 10 KG)	

Revisione fatta il |__| |__| |____| Revisore|________________________|

Prova d'acquisto: vedi retro / copia allegata

Modulo: "Lista dei guasti" cucina

Tutto ciò che è rotto o che deve essere smaltito o gettato via viene inserito nell'elenco; ad esempio, cibi avariati, piatti bruciati, utensili da cucina rotti, elettrodomestici guasti.

Quando	Cosa	Quanto	Chi

Revisione fatta il: Firma

Regole per la conservazione degli alimenti

Fi - Fo	First in, first out; ciò che arriva per primo deve essere consumato per primo.
Nessuna sostanza chimica	I prodotti chimici per la pulizia, i disinfettanti e gli utensili per la pulizia non devono trovare posto nell'area di conservazione degli alimenti.
Data di scadenza	Controllare regolarmente la data di scadenza degli alimenti conservati. Un controllo mensile si è rivelato una buona idea.
Ordine	I magazzini alimentari devono essere organizzati. I magazzini non devono essere riempiti eccessivamente, senza un sistema e senza controlli regolari. Registrate i giri di ispezione!
Separare il pulito dallo sporco	Separare gli alimenti lavati e puliti da quelli non puliti nel magazzino. Non devono entrare in contatto tra loro per evitare che si infettino.
Il meno possibile, il più possibile!	Il meno possibile, il più possibile! Questo dovrebbe essere il principio di conservazione, perché una quantità di cibo superiore al necessario impegna il capitale, occupa spazio, deve essere tenuta aggiornata e controllata e si deteriora se non viene utilizzata.
Data di consumo	Rispettare la data di scadenza. Ordinare preferibilmente per data di scadenza sullo scaffale.
Imballaggio	La confezione degli alimenti deve essere intatta, altrimenti parassiti o batteri potrebbero infestarla. Le confezioni aperte devono essere adeguatamente sigillate o riconfezionate ed etichettate.

Test d'igiene principale/ indice d'igiene secondo HACCP

Criteri di verifica (10 punti = ok)	Classificazione igienica					Commenti
	10	8	6	4	2	
1. stabilimento						
2. locali e attrezzature						
3. igiene personale						
4. smaltimento dei rifiuti						
5. controllo dei parassiti						
6. sistema di distribuzione delle bevande						
7. servizi igienici per il personale						
8. analisi dei pericoli						
9. ricevimento merci						
10. conservazione corretta						
11. preparazione degli alimenti						
12. preparazione dei surgelati						
13. cucina calda						
14. cucina fredda						
15. servizio del cibo						
16. esposizione di cibi freddi						
17. stoccaggio di alimenti pre-prodotti e sovra-prodotti						
18. formazione del personale						
19. liste di controllo						
Indice di igiene						XXX :190 =YY, YY %

Controllato il: Da: Firma:

Lista di controllo per la gestione ecosostenibile della cucina

Criteri di verifica/ Cosa/dove/come	Grado di adempimento in %						Commento
	100	80	60	40	20	0	
1. Risparmiare energia							
2. Non tenere gli elettrodomestici della cucina sempre in stand-by							
3. Sbrinamento dei frigoriferi nel periodo di bassa tariffa							
4. Accendere i forni nel periodo di bassa tariffa							
5. Il gas costa meno dell'elettricità, quindi forni a gas in cucina							
6. Risparmiare acqua e ridurre le acque reflue							

7. Installare aeratori su tutti i rubinetti (risparmio del 50%)							
8. Utilizzo della lavastoviglie							
9. Acquistare alimenti in modo ecologico							
10. Acquistare prodotti alimentari della regione							
11. Offrire solo cibo fresco							
12. Creare un orto di erbe aromatiche e utilizzare i propri prodotti							
13. Evitare le confezioni di porzioni, porzionare in modo autonomo al momento del servizio							
14. Buffet self-service con cibo per un'ora							

15. Burro, marmellata e miele								
16. Agenti di pulizia								
17. Sapone morbido								
18. Detergente all'aceto								
19. Detergente delicato per il lavaggio mani								
20. Dispositivo di pulizia a getto di vapore								
21. Nessun detergente per argento, ma fogli di alluminio in acqua salata calda								
22. Non utilizzare detergenti per barbecue, utilizzare spruzzatori a vapore								
23. Materiali d'uso e consumo								

24. Asciugamani in carta riciclata								
25. Sacchetti dei filtri per caffè non sbiancati								
26. Evitare gli sprechi e utilizzare i materiali								
27. Acquistare confezioni sfuse/ricaricabili								
28. Offrire porzioni per anziani/bambini								
29. Niente stoviglie e posate monouso								
30. Differenziare i rifiuti								
31. Smaltimento di grassi, olio e fecola di patate								
32. Ristrutturazione e restauro								
33. La cucina e le dispense devono essere facili da pulire.								

34. Spazio sufficiente per lo stoccaggio dei rifiuti							
35. Il fornello a gas sostituisce quello elettrico							
36. Friggitrici con termostato, proprio come le padelle inclinabili, i bollitori, ecc.							
37. Collegare la lavastoviglie all'acqua calda							
38. Tavoli in acciaio al nichel-cromo							
39. Frigoriferi senza CFC							
40. Oggetti di plastica in cucina realizzati in materiale riciclabile							

Lista di controllo per la gestione ecosostenibile del ristorante

Criteri di verifica/ Cosa/dove/come	Grado di adempimento in %						Commento
	100	80	60	40	20	0	
1. Risparmiare energia							
2. Accendere la luce solo se richiesto							
3. Dimmer e sistema di controllo della luce							
4. Sistema di ventilazione, formazione del personale							
5. Far andare la lavabicchieri durante il periodo di bassa tariffa (dalle 10 alle 18).							
6. Niente asciugamani elettrici							

7. Risparmiare acqua e ridurre le acque reflue								
8. Raccogliere l'acqua corrente della vasca di risciacquo del vetro								
9. Aeratori su tutti i lavabi								
10. Distributori d'acqua elettronici								
11. Pulsanti di arresto dell'acqua (WC)								
12. Acquisti attenti all'ambiente								
13. Acquistare detergenti facilmente degradabili								
14. Sapone morbido, lucidante per mobili								
15. Non utilizzare								

fragranze e pietre laviche, spray profumati.							
16. Acqua calda al posto del disinfettante							
17. Tovaglioli di carta sbiancati all'ossigeno							
18. Proposta del menù giornaliero su carta riciclata							
19. Rinunciare a tazze, copripiatti, manicotti per bicchieri da birra.							
20. Asciugamani di carta ecologica Carta igienica							
21. Fiori freschi recisi del quartiere							
22. Mobili in legno massiccio							

23. Piante come miglioratori d'aria							
24. Evitare gli sprechi, sfruttare i materiali: Riempire le bevande da contenitori grandi; evitare lattine, bottiglie di plastica, bottiglie usa e getta; smaltire tovaglioli e asciugamani di carta come carta straccia.							

Capitolo 8: Conclusione

- La gestione dell'igiene secondo il sistema HACCP è estremamente importante.

- In poche parole, dobbiamo definire i punti di controllo critici, stabilire misure di monitoraggio e correttive e documentarne l'attuazione.

- Allora siamo al sicuro.

- Una volta al mese dovremmo anche effettuare il "grande test HACCP": per noi significa utilizzare la lista di controllo HACCP per verificare l'igiene in cucina, nel retrocucina, nelle celle frigorifere, nei magazzini e nell'area dei rifiuti.

- I moduli per il buffet e le torte e il box questionari ci facilitano la gestione dei nostri ospiti che vogliono portare o portare via con sé del cibo.

- I moduli rimanenti sono di grande aiuto nei processi quotidiani di cucina e servizio. Da un lato, ci aiutano a implementare gli standard HACCP e, dall'altro, ci aiutano a conservare, lavorare e servire gli alimenti in modo corretto.

Ultimo ma non meno importante: Riflessioni sulla sostenibilità

Anche dal reparto cucina ci si aspettano misure ecologiche e l'uso di detergenti ecologici. Possiamo valutare meglio noi stessi e le nostre attività basandoci sulle seguenti domande. Per esempio:

- Lavoriamo con detergenti e disinfettanti facilmente degradabili?

- Utilizziamo apparecchi ad acqua calda e vapore al posto dei disinfettanti?

- Abbiamo piante verdi per migliorare l'aria nel ristorante del personale?

- Sfruttiamo le offerte dei fornitori locali?

- Sfruttiamo le offerte dei produttori alimentari regionali?

- Usiamo i colori chiari delle pareti perché riflettono la luce e sono piacevoli?

- Parcheggio con prato di ghiaia, manto erboso, ecc.?

- Formazione del personale sul tema della sostenibilità?

- Usiamo tovaglioli di carta sbiancati con l'ossigeno o tovaglioli di stoffa?

- Raccolta differenziata rigorosa e controlli?

- Asciugamani di carta ecologici in cucina e negli spazi comuni?

- Facciamo a meno di lattine, bottiglie di plastica, flaconi monouso, ecc?

- Possiamo fare a meno delle pietre laviche e dei profumi, degli spray profumati (bagni), ecc.?

L'autore Frank Höchsmann

Frank Christian Höchsmann;

- È un economista aziendale e un auditor della qualità secondo la norma DIN EN ISO 9000 e seguenti.
- Può contare su molti anni di esperienza internazionale come responsabile della qualità, manager e auditor.
- Ha lavorato per diversi anni per aziende e organizzazioni internazionali.
- Nel corso della sua carriera, è stato formatore di oltre 9.000 specialisti e manager.
- Focus: gestione della qualità e della sostenibilità,
  gestione di progetti internazionali.

Manuali specialistici pubblicati

- Cinco pasos de la venta (spagnolo)
- Concetto di marketing efficiente (tedesco, inglese, spagnolo, portoghese)
- Front Office (spagnolo)
- Gestione alberghiera (spagnolo)
- Pulizie (spagnolo)
- Gestione delle pulizie (tedesco, inglese, spagnolo, portoghese)
- Gestione dell'igiene, (tedesco, inglese)
- Maître d'hotel (spagnolo)
- Gestione del personale per alberghi e ristoranti (tedesco, inglese, spagnolo, portoghese)
- Standard di qualità per gli hotel (tedesco, spagnolo)
- Standard di qualità nel ristorante, (tedesco, spagnolo)
- Qualità del servizio (tedesco, inglese, spagnolo, portoghese, russo)
- Servire con stile (spagnolo)
- Standard di qualità sostenibili ed ecologici per alberghi e ristoranti (tedesco, inglese, spagnolo, portoghese, russo)

Seminari, webinar, corsi online

Workshop per personale qualificato:

- o Comunicazione di successo con l'ospite
- o Mantenimento e pulizia della casa
- o Formazione sull'igiene secondo l'HACCP
- o Vendite e vendite supplementari
- o Reclami e lamentele degli ospiti
- o Qualità del servizio dal punto di vista dell'ospite

Workshop per manager:

- o Protezione dei dati secondo l'EU-DSGVO
- o Concetto di marketing efficiente
- o Gestione dell'igiene in cucina e nel servizio
- o Gestione dei conflitti e de-escalation
- o Standard di qualità sostenibili
- o Gestione del personale e tecniche di leadership efficaci
- o Gestione della qualità secondo la norma ISO 9001
- o Gestione dei reclami
- o Gestione delle vendite

Frank Höchsmann
Effizientes Marketingkonzept
für Hotels und Restaurants
Vermarktungsstrategien für den
zukunftsorientierten Gastgeber
Ihr Erfolg ist unser Ziel

Frank Höchsmann
Hygienemanagement in
Küche und Service
HACCP leicht gemacht
Ihr Erfolg ist unser Ziel

Frank Höchsmann
Housekeeping
Management
Erfolgreich im Hausdamen- und
Cleaning- Bereich

Frank Höchsmann
Servicequalität
aus der Sicht des Gastes
Handbuch für mehr Servicequalität in
Hotels und Restaurants

Frank Höchsmann
Qualitätsstandards Hotel
Optimierung der Abläufe, Prozesse und
Stellenbeschreibungen in Hotels
HOTEL
HOTEL
Erfolg ist unser Ziel

Frank Höchsmann
Qualitätsstandards Restaurant
Optimierung der Prozesse und Arbeitsabläufe
in Restaurants und Gaststätten